I0701637

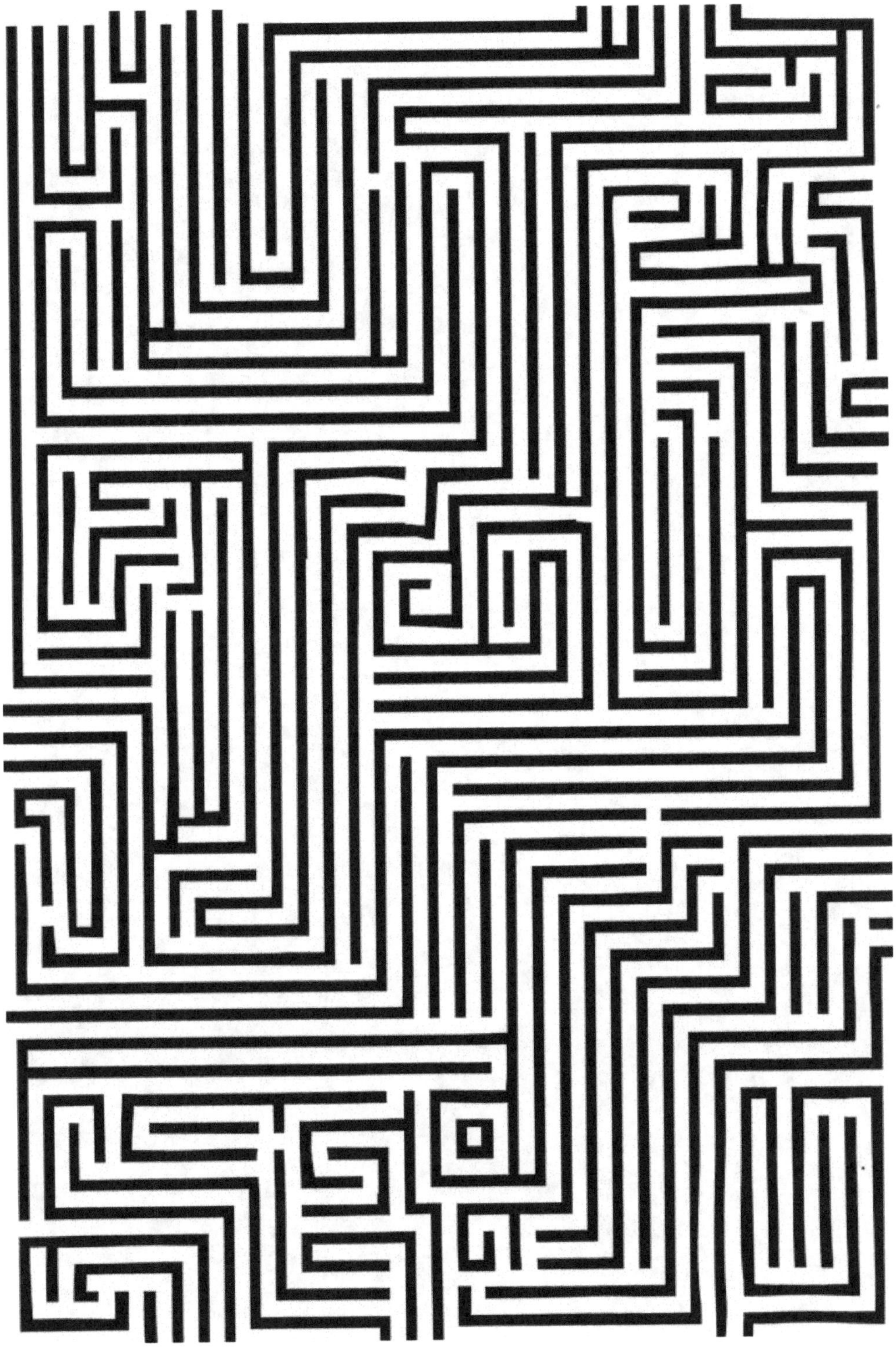

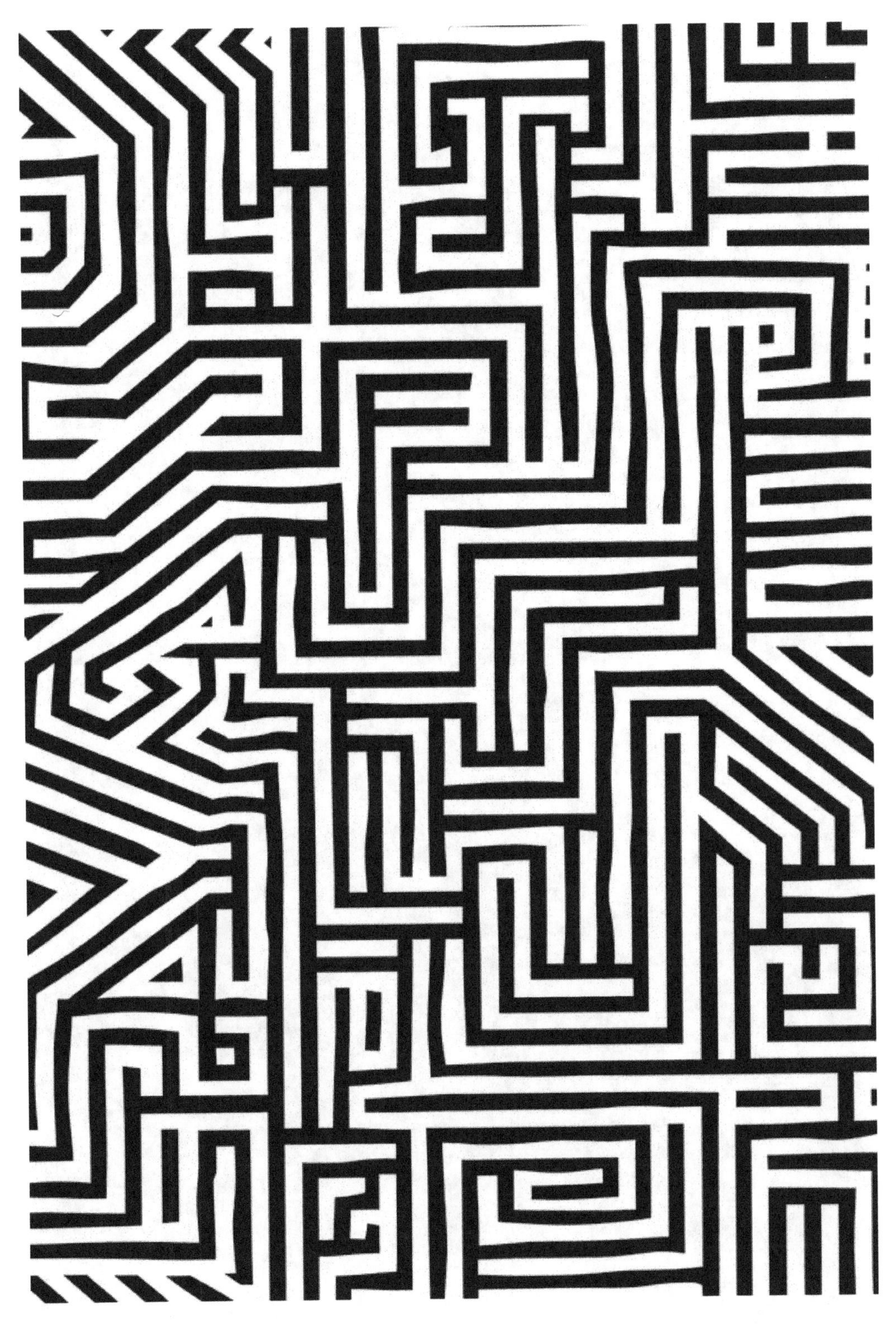

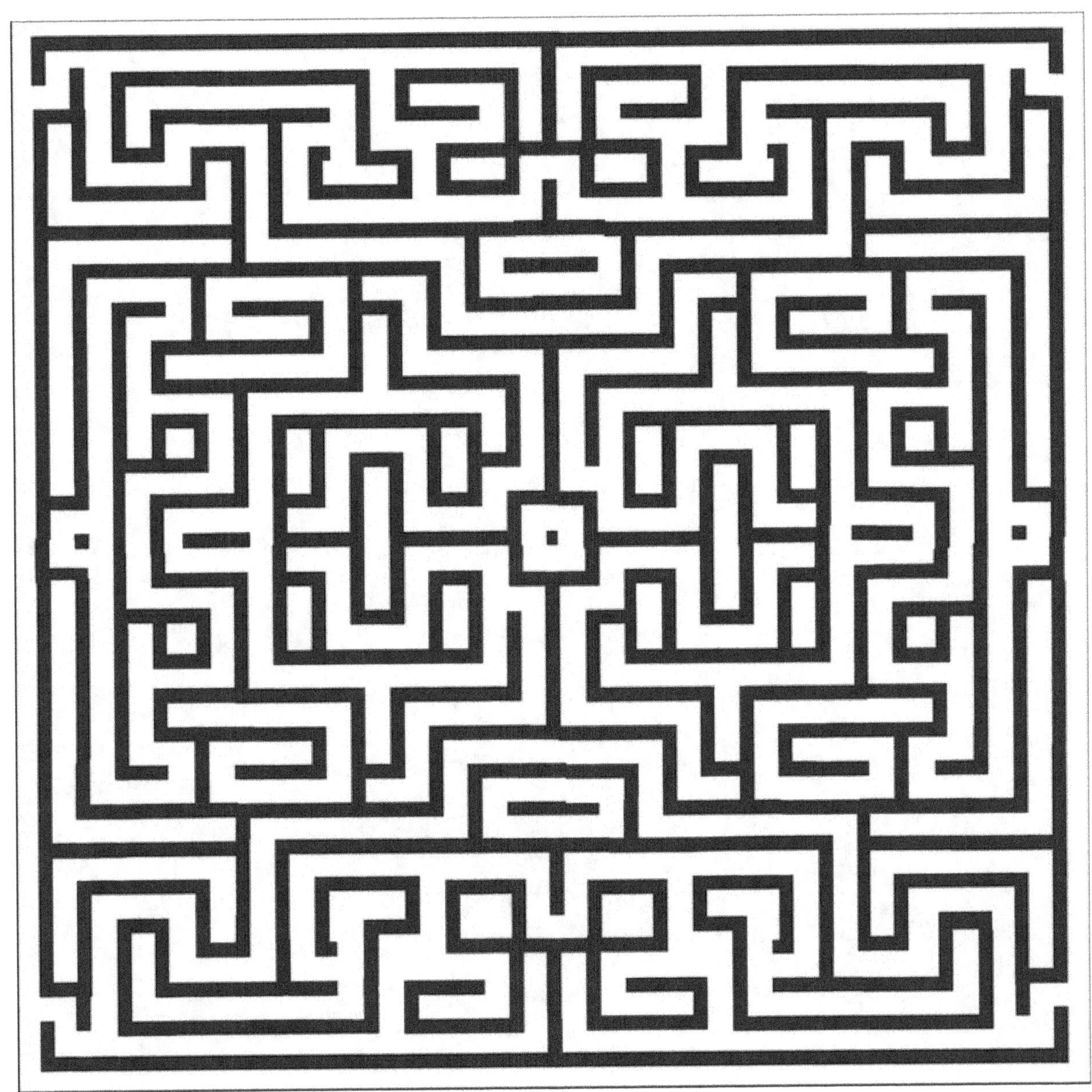

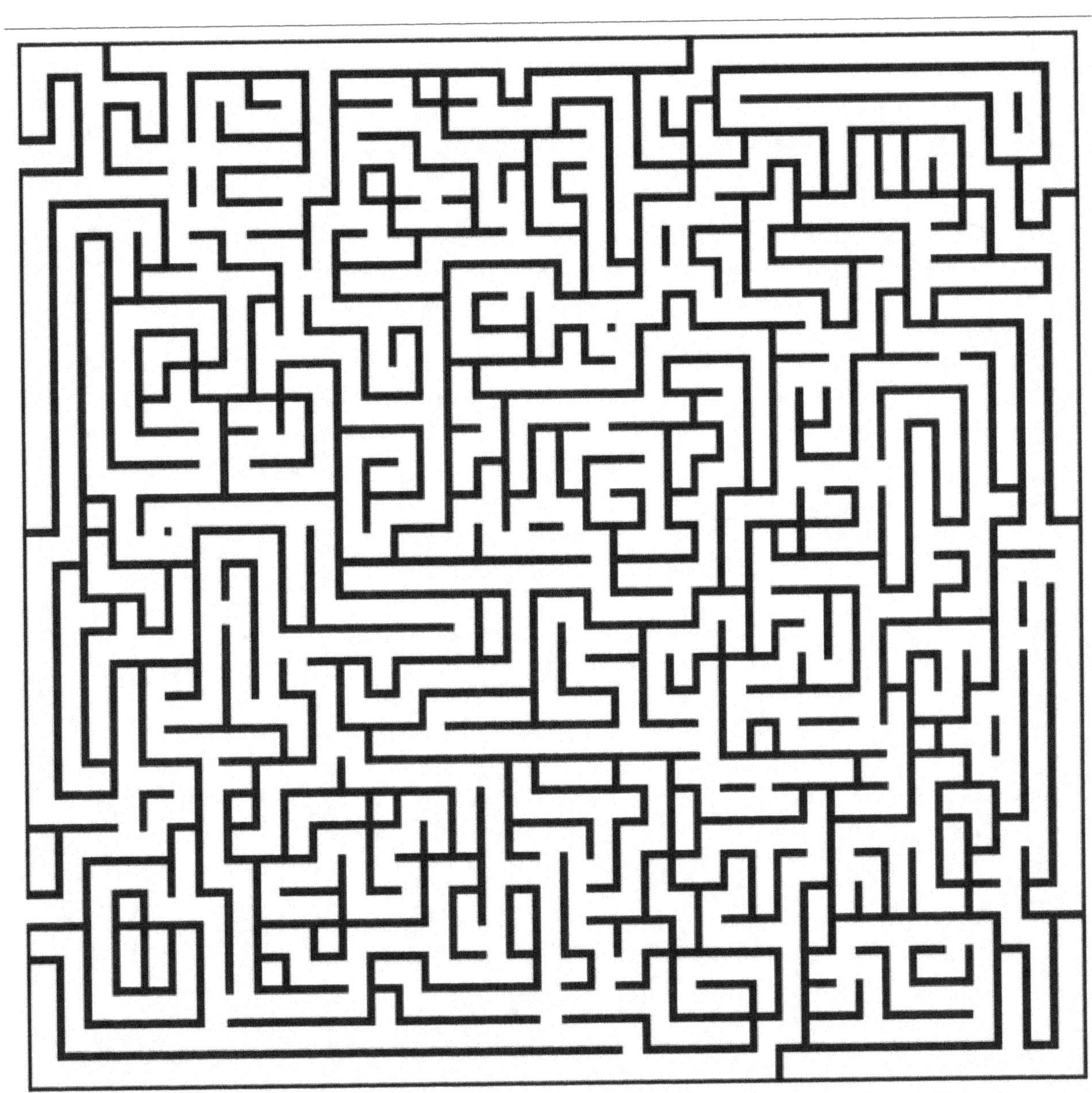

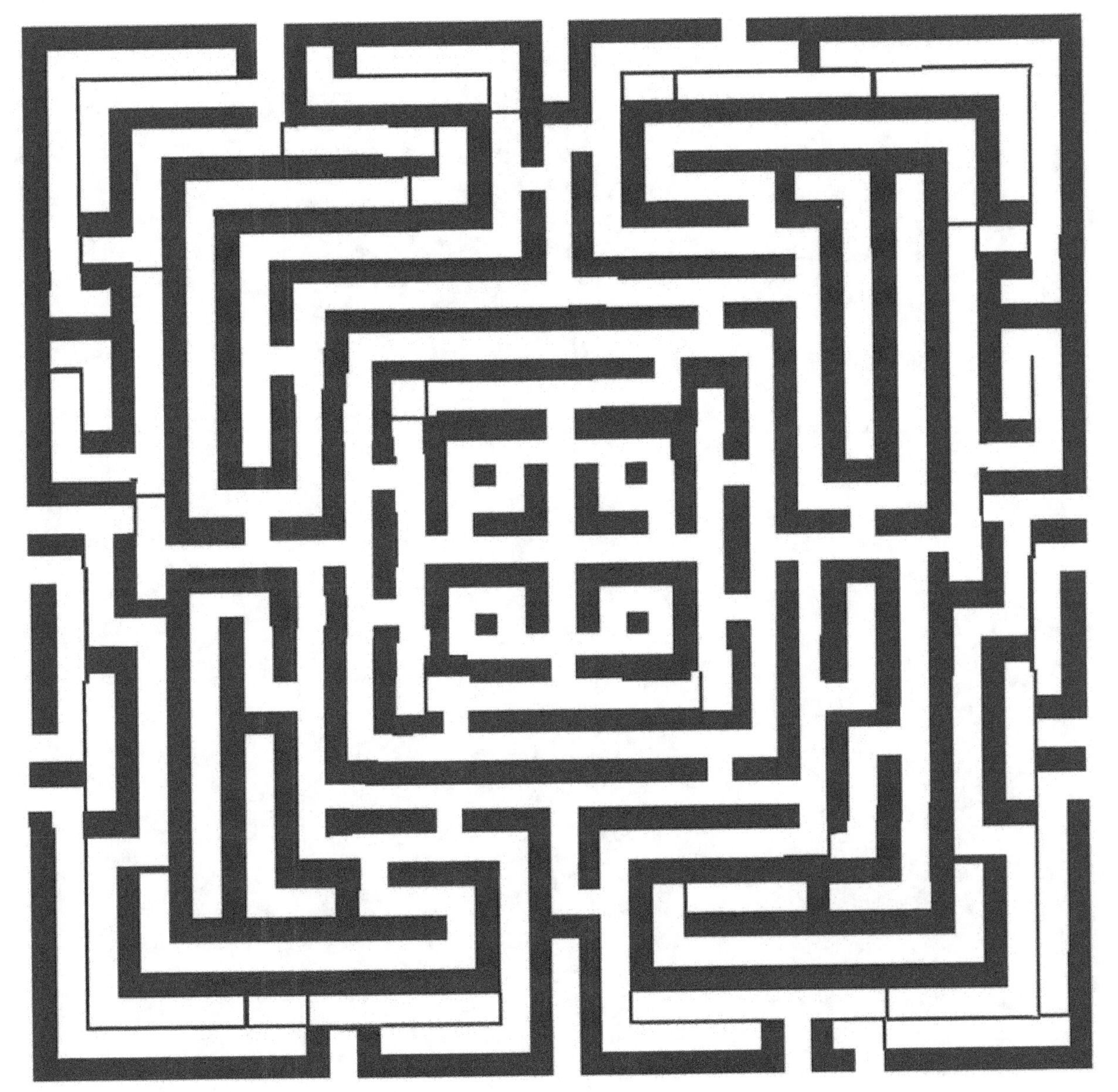

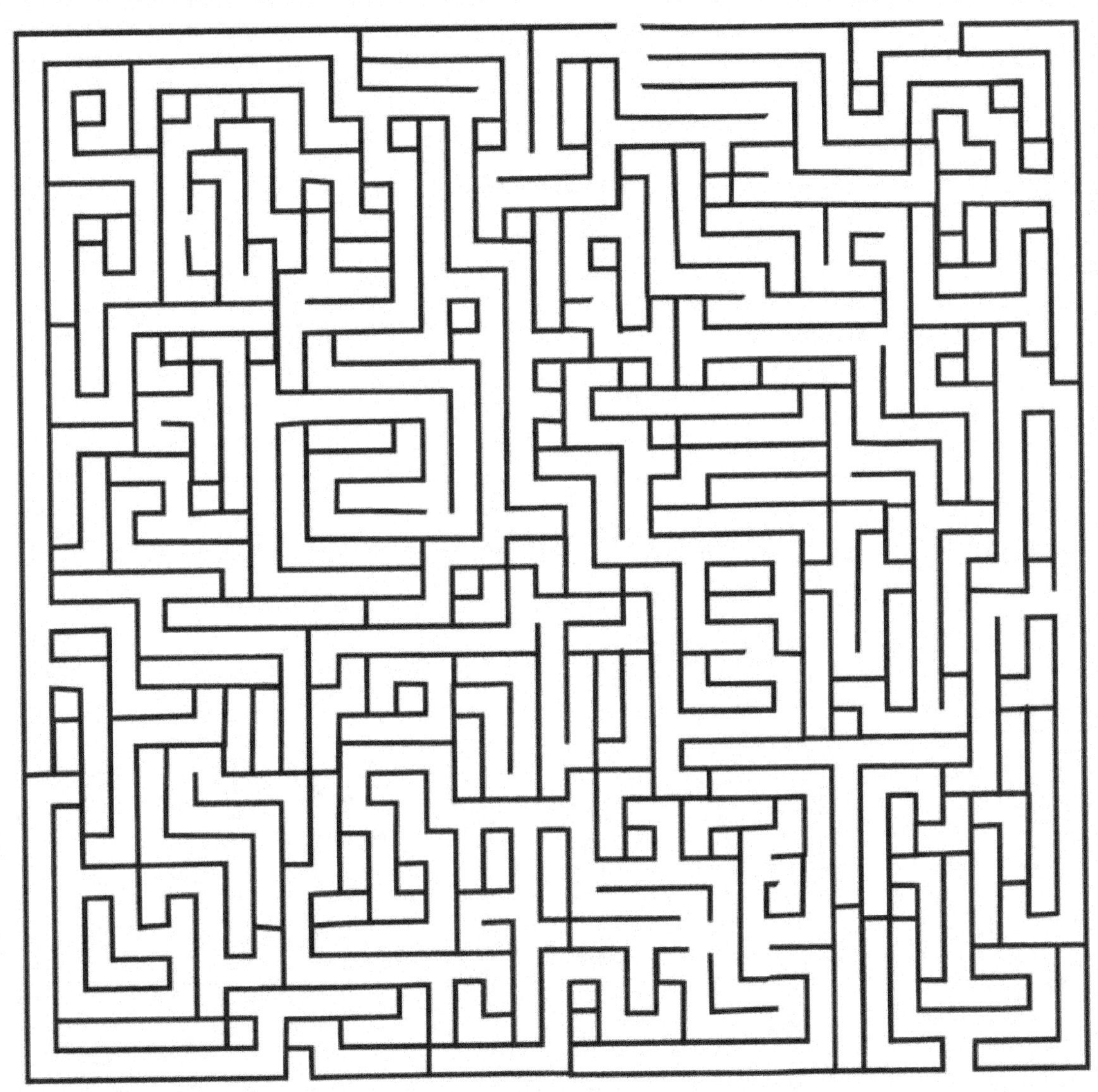

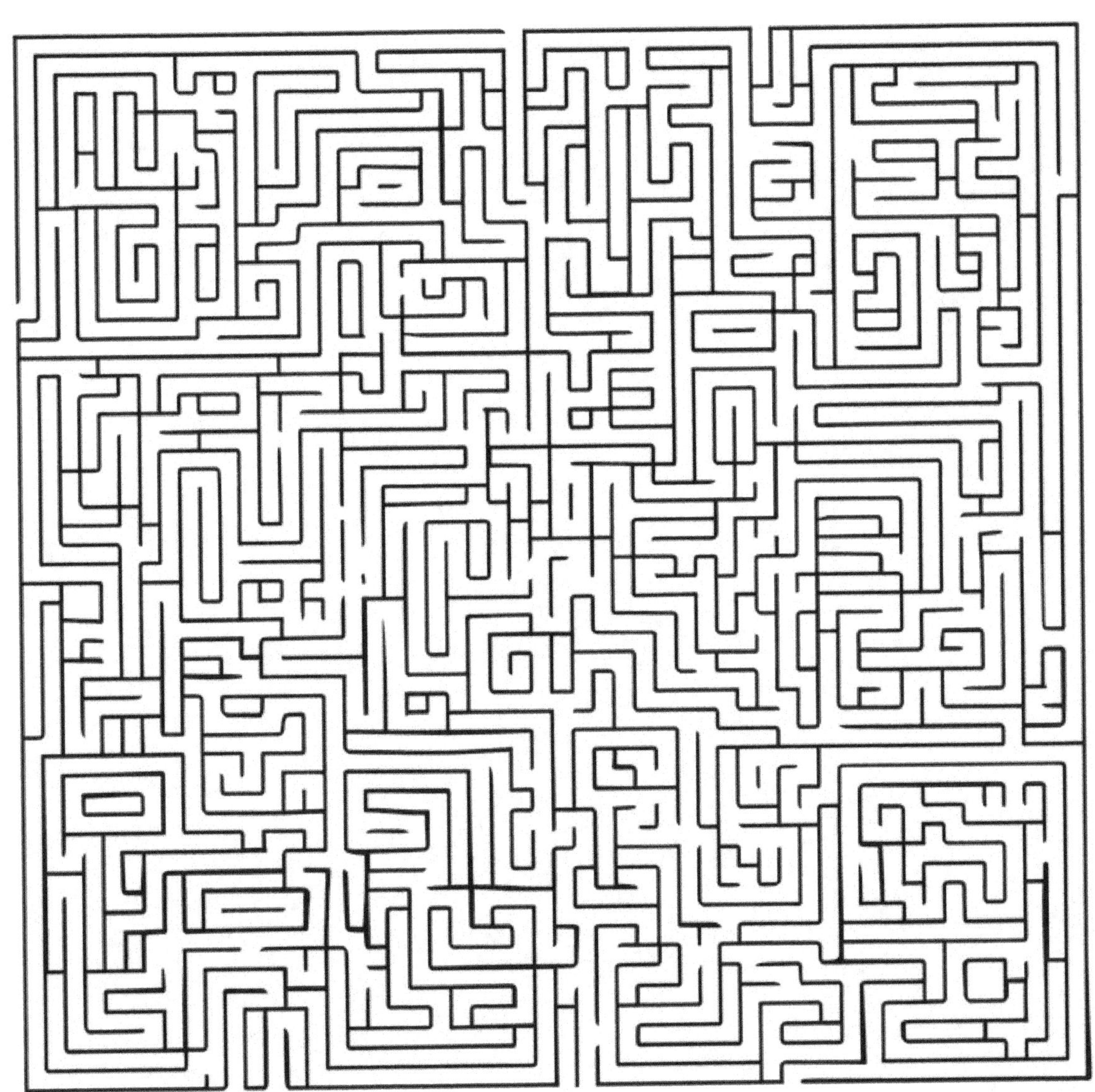

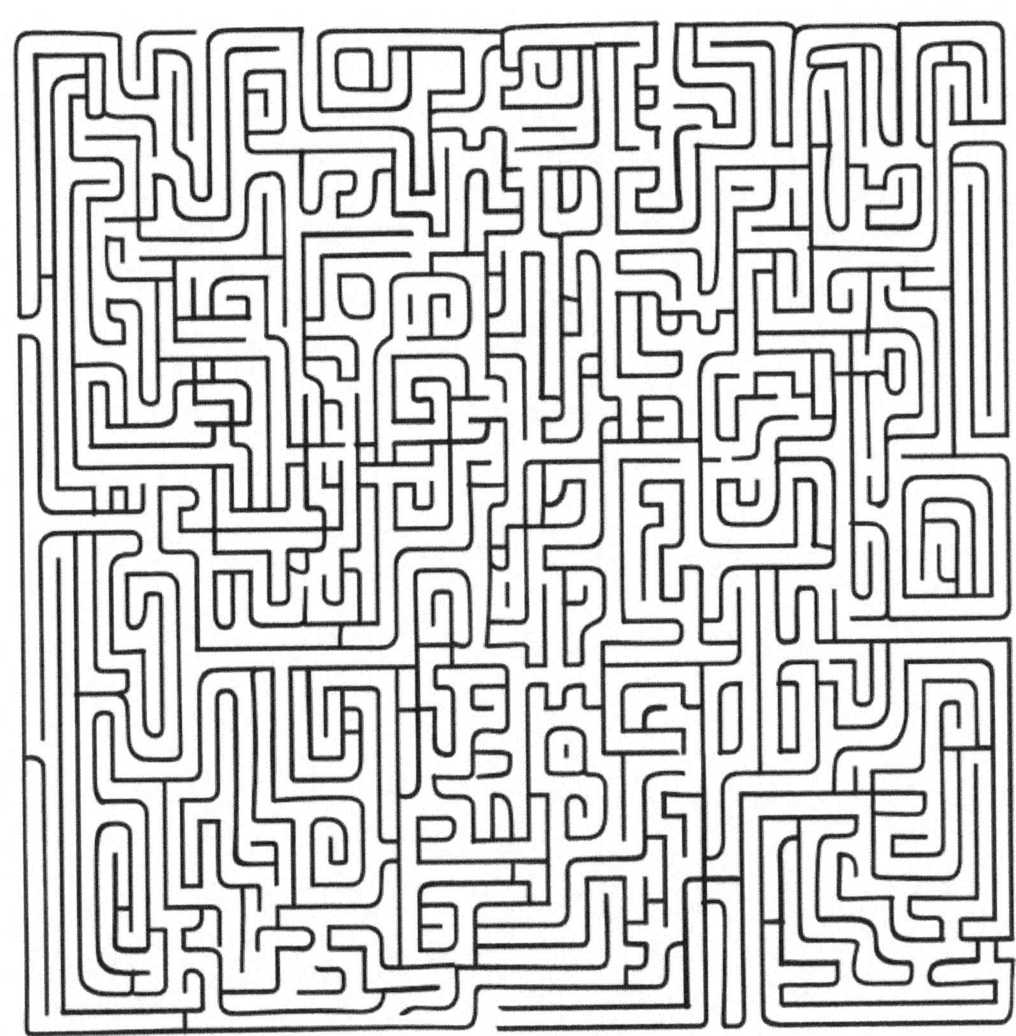

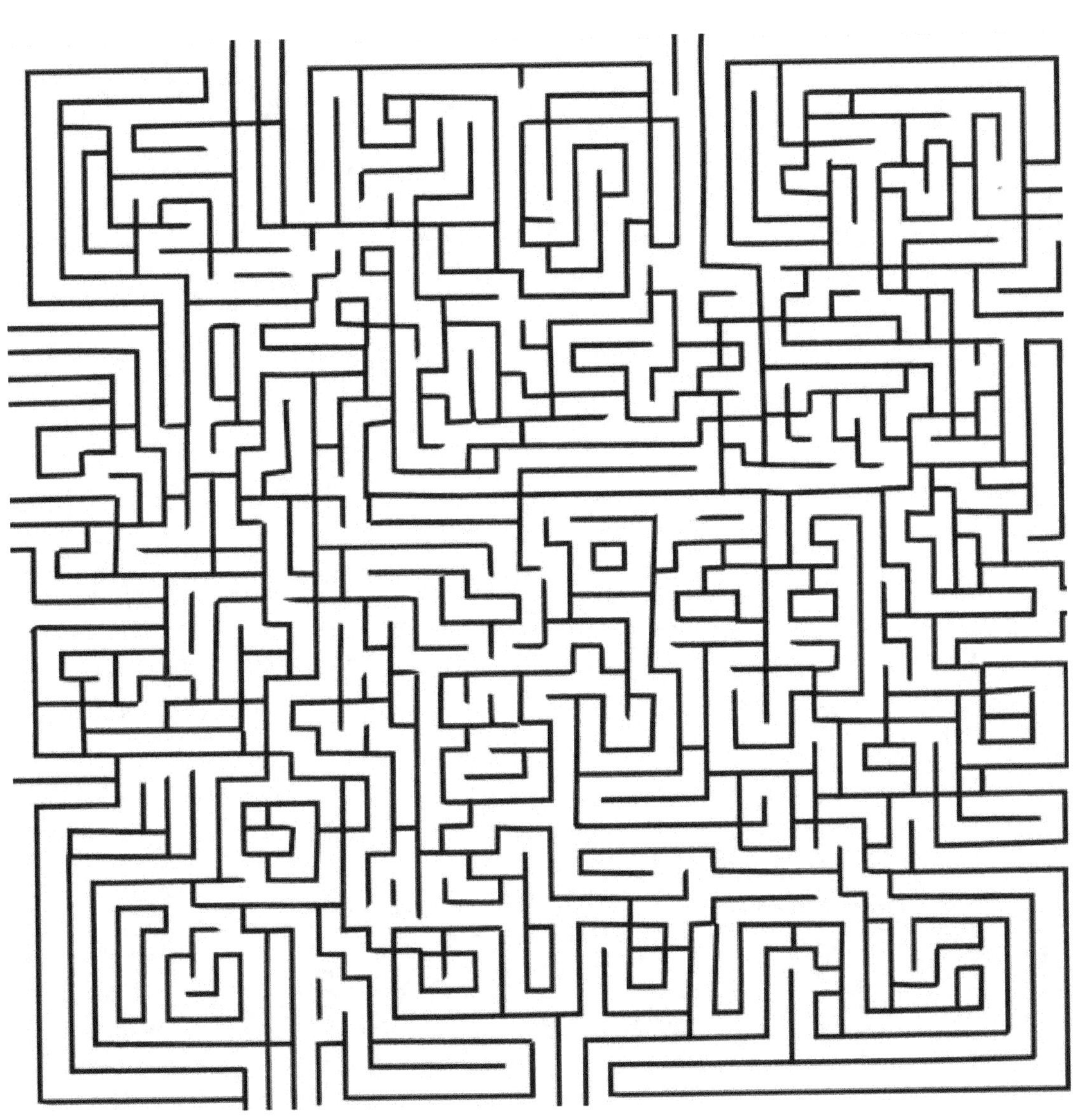

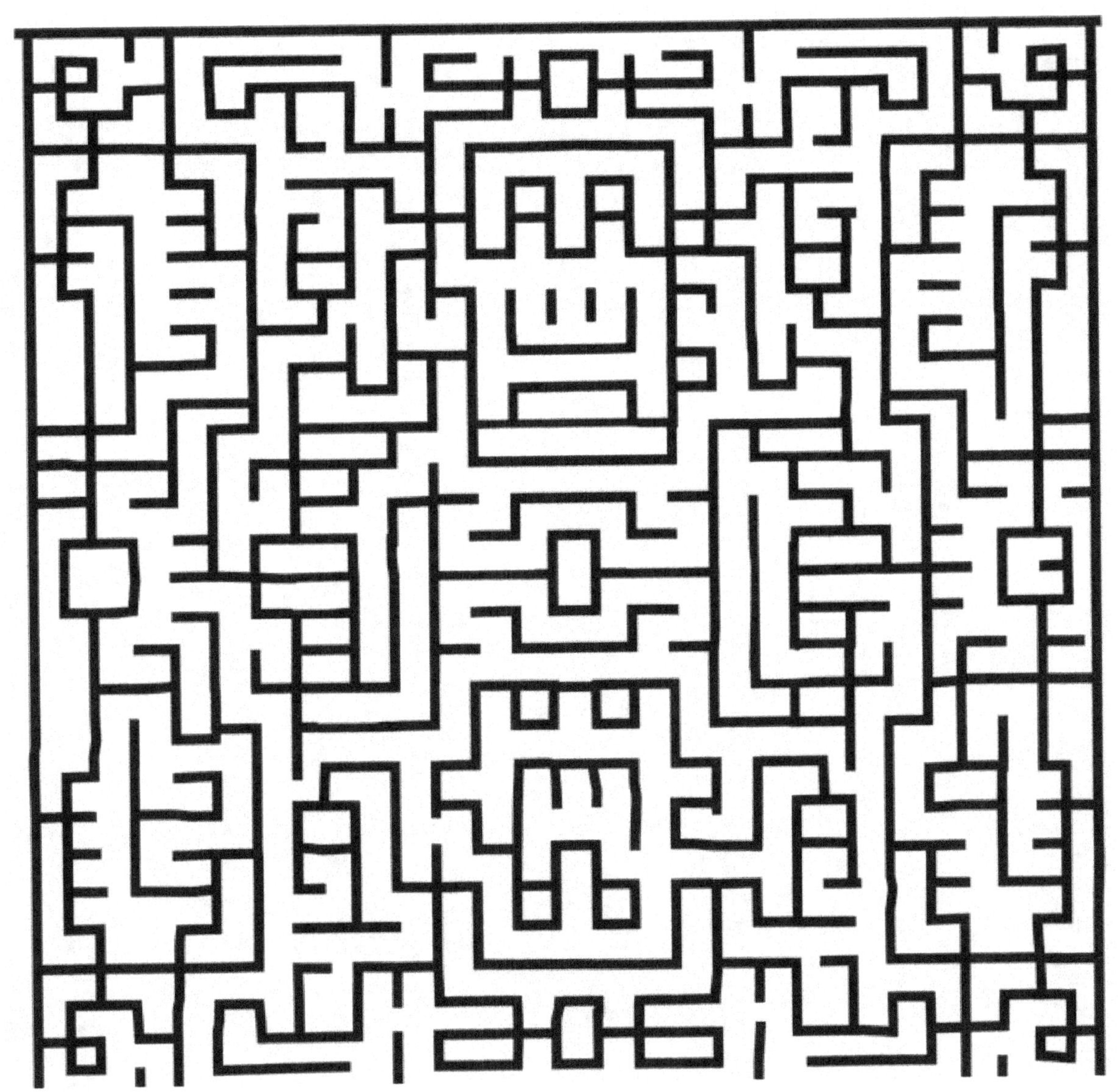

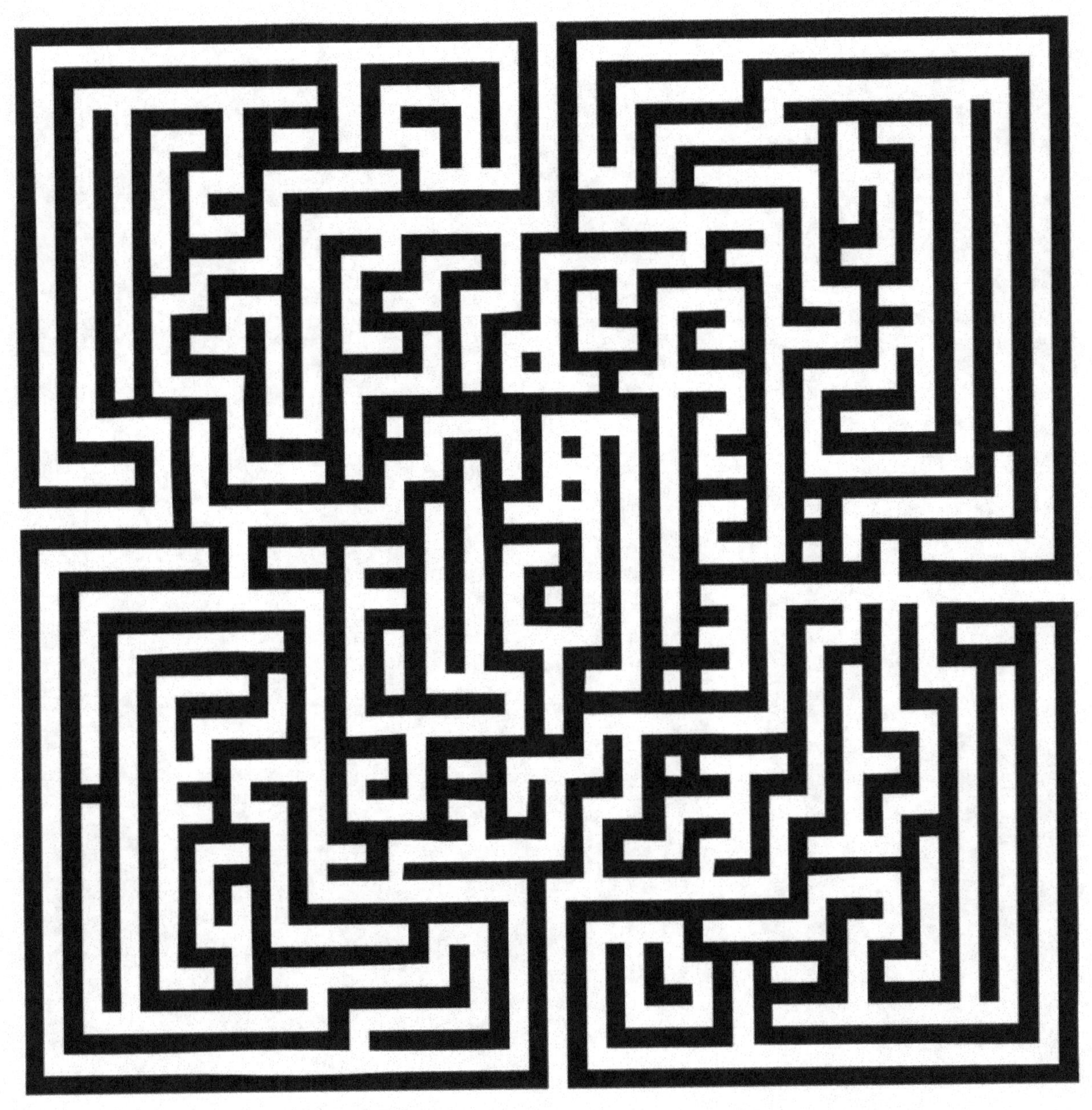

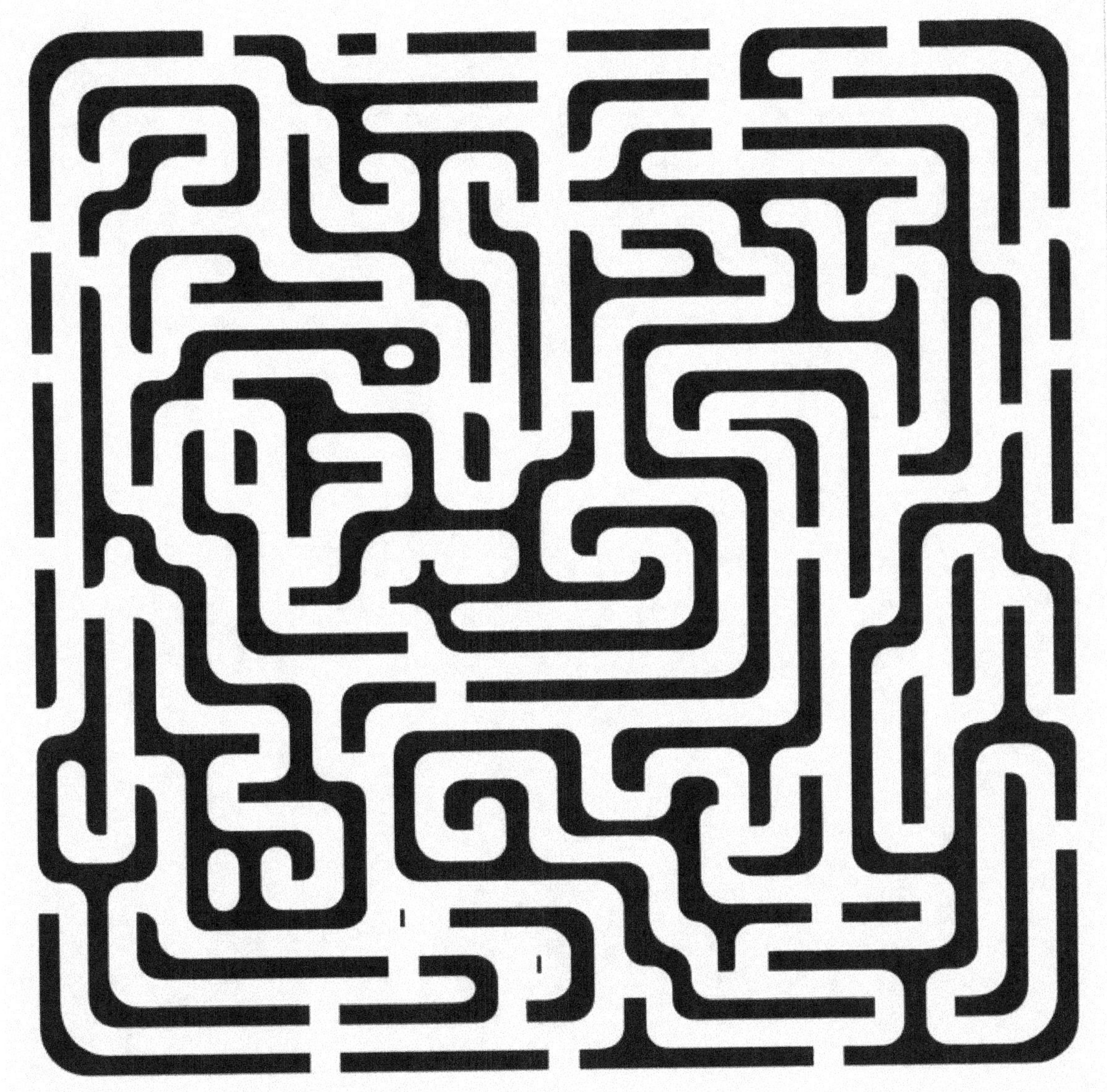

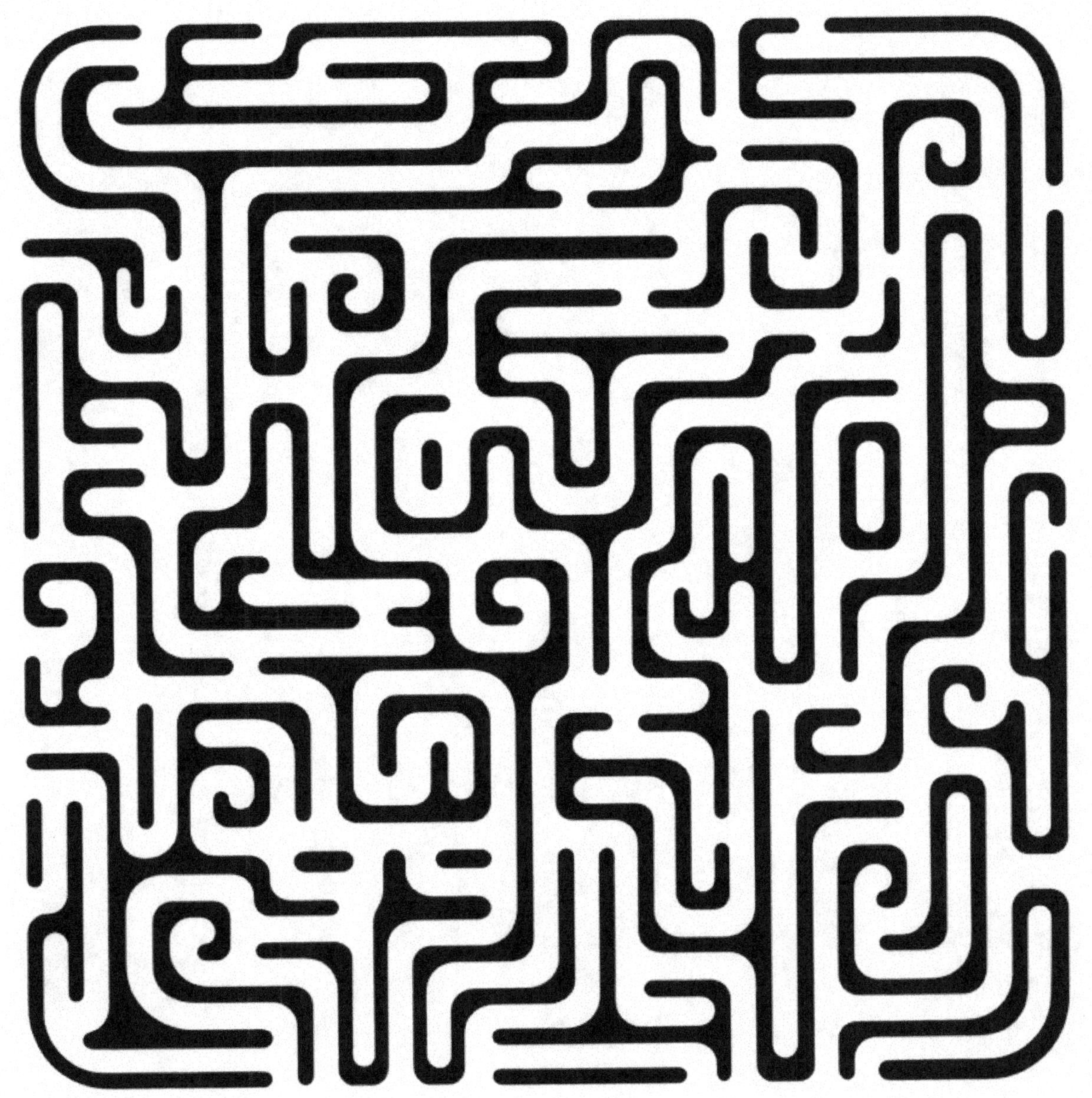